맹성렬 박사의 지켜라 지구인
2 어쩌다 미스터리 히어로즈!

재담

인사말

이 넓은 우주에 지적 생명체가 과연 인간뿐일까요? 저와 함께 외계인을 찾는 여행을 떠나 보아요!

안녕하세요, 맹성렬입니다. 제가 흔히 UFO박사라고 불리지만 사실 저는 물리학과 전자·전기공학을 전공한 학자입니다.

이 세상에 UFO를 전문적으로 연구하는 학문이나 교육기관은 없지만 만약 UFO학이라는 학문이 있다면 제가 제일 처음 박사학위를 받았을 거라고 생각해요. 그만큼 UFO는 제 인생에서 아주아주 중요한 연구과제랍니다.

여러분은 UFO가 무엇이라고 생각하나요? 저는 30년 넘게 연구한 끝에 인류의 기술로는 UFO를 구현할 수 없다는 결론에 도달했어요.

처음엔 UFO가 현대 인류의 우주시대 신화라는 관점에서 이 문제에 접근했습니다. 그래서 제가 쓴 책이 『UFO 신드롬』이에요. 신드롬이란 그 원인을 명확히 알 수 없는 증후군이란 뜻입니다.

많은 사람들이 UFO를 목격했다고 하고, 어떤 이들은 UFO를 타고 나타난 아름다운 이들로부터 인류 구원의 사명을 받았다고 합니다. 그런가 하면 또 다른 이들은 자고 있는데 눈이 큰 끔찍한 존재들이 벽을 뚫고 침실에 나타나 자신을 UFO 안으로 납치했다고 주장하기도 합니다.

이와 비슷한 이야기들은 과거에도 있었던 듯해요. 중세에는 요정과 마녀들이, 그리고 고대에는 신들이 인간을 시험하곤 했다는 전설이나 신화가 그 증거일 수도 있습니다.

그런데 제가 UFO박사로 소문이 나면서 UFO를 목격한 우리나라 공군 전투기 조종사들을 직접 인터뷰할 기회가 몇 번 있었습니다.

그중 한 사례는 네 명의 전투기 조종사가 두 대의 전투기에 나눠 타고 편대를 이뤄 미군과 합동 훈련을 하러 가다가 발생했습니다.

그들은 도중에 UFO를 목격하자 직접 쫓아갔다고 합니다. 처음엔 그 UFO가 도망가는 것처

럼 보였는데 어느 순간 공중에 정지하더니 두 대의 전투기를 무려 이십 분이 넘도록 관찰했다고 합니다. 그런데 이 UFO는 지상 레이더에 포착되지 않았고 전투기의 레이더 스크린에도 전혀 나타나지 않더랍니다. 그렇다면 네 명의 조종사들이 집단 환각이라도 일으킨 걸까요? 그런 오해를 받을까 걱정한 그들은 다른 전투기 조종사들에게 UFO를 육안 관찰하도록 유도했답니다. 그렇게 객관적인 목격자들을 여럿 확보했습니다.
 그 후 이 사건을 정식 보고서로 작성해 국방부에 보고하려 하자 이들이 인사상 불이익을 받을 것을 우려한 정보장교가 중간에 없애 버렸다고 합니다.
 이 사건을 제가 알 수 있었던 것은 바로 이 정보장교가 대령으로 예편하기 몇 달 전에 저를 찾아와서 제보했기 때문입니다.

 또 다른 사례로는 갓 임관한 공군 장교들의 초등 비행훈련 교관과의 인터뷰였는데, 그 당시 그는 반쯤 넋이 나간 사람 같았습니다. 그는 가방에서 지도와 자, 그리고 계산기를 주섬주섬 꺼내서 그가 목격한 UFO 속도를 계산해 보여 주었는데 무려 음속의 일곱 배가 넘는 속도였습니다.
 오늘날 가장 빠른 전투기도 음속의 세 배를 겨우 넘는 수준입니다. 최근 강대국에서 개발한 극초음속기는 음속의 열 배 이상으로 비행한다지만 수직 하강하면서 중력을 이용해야 비로소 그런 속도가 가능합니다.
 그런데 그는 지상에서 불과 500미터 높이에서 수평 비행하는 UFO의 속도를 측정한 것이라고 주장했습니다. 그는 이렇게 빠르게 움직이는 비행체에서 날개나 추진체 등을 발견할 수 없었으며 음속을 돌파했는데 소닉붐(비행체가 음속을 돌파할 때 발생하는 폭발음)을 내지 않았다는 사실에 당황하는 기색이 역력했습니다.

 저는 이런 사례들을 직접 접하면서 처음으로 UFO를 접했던 때와는 태도가 많이 달라졌습니다. 책을 쓰면서 미국을 비롯한 외국의 UFO 목격 사례를 조사, 분석했는데 거기에서 찾아낸 공통점이 우리나라 공군 조종사들이 체험한 것과 다르지 않다는 사실은 저를 크게 고무시켰습니다.
 그리고 마침내, UFO가 지구에서 만든 비행체가 아니라 그보다 훨씬 발달한 다른 문명에서 만들어졌을 가능성을 심각하게 고려하게 된 것이죠.

 어린이 여러분, 저는 UFO가 진짜 존재한다고 생각해요. 앞으로 그 정체가 무엇인지 함께 밝혀 볼까요.

캐릭터 소개

맹성렬 박사님
공학박사이자 UFO 전문가. 미스터리한 유물과 유적, 사건사고 등을 과학자의 시선으로 파헤치는 미스터리 탐구가이기도 하다. 지구에 침공한 외계인의 의도와 목적을 파헤치기 위해 아이들과 함께 좌충우돌, 고군분투한다.

정시원
미스터리에 과몰입한 미스터리 찐덕후. 특히 UFO와 외계인에 대한 관심이 어마어마하다. 언젠가 외계인이 지구를 침공할 거라고 굳게 믿으며 '방과 후 미스터리 클럽'을 이끌고 있다.

진아서
이 세상에 미스터리란 존재하지 않는다고 믿는 과학 신봉자. 엄친아, 재벌가 외아들, 학생회장, 전교 1등 타이틀을 모두 가지고 있으며 좋은 생각이 떠오르거나 결정적인 순간엔 "체크메이트!"를 외치는 버릇이 있다.

오미도
오컬트 마니아. 비과학적인 것들을 탐구하기 위해 미스터리 클럽에 가입했다. 오컬트와 오파츠에 대한 방대한 지식을 가지고 있으며, 언젠가 자신이 대주술사가 되리라 믿고 있다.
(AKA '오'컬트에 '미'친 '도'라이)

아처
프록시마 첩보국 소속의 비밀요원. 농담도 잘하고 장난도 잘 치지만 최정예 요원답게 냉철함을 가지고 있다. 실실 웃으면서 "처리해 버리자"라는 말을 툭툭 내뱉는 어딘가 무서운 스타일.

닥처
프록시마 첩보국 소속의 비밀요원. 아처의 동기이자 파트너로 콤비처럼 죽이 잘 맞는다. 자칭 프록시아 행성 최고의 꽃미남으로 수시로 손거울을 꺼내 보는 폼생폼사.

까꿍 1호
프록시마 첩보국에서 만든 인간형 휴머노이드 전투 로봇. 하지만 기억상실증에 걸린 이후 현재 평화 모드로 활동하며 전투모드의 약 30% 정도의 전투력을 발휘하고 있다. 막대사탕으로 시공간 이동 포털을 열 수 있다.

클링
프록시마 첩보국에서 만들어 요원들에게 지급한 최첨단 청소 로봇. 불의를 보면 참지 못하는 강철 같은 의지와 정신력을 가지고 있지만, 비밀요원의 명령을 어쩔 수 없이 수행하며 고뇌 중이다.

차례

인사말	**002**
캐릭터 소개	**004**
차례	**006**
프롤로그 : 인류문명 퇴보작전	**007**
1화 : 아이템? 그게 뭔데?!	**027**
2화 : 도망! 아니, 작전상 후퇴!!	**065**
3화 : 결성! 미스터리 히어로즈	**107**
에필로그 : 기묘한 사막마을	**155**
미스터리 클럽① : 핵 시설 기지와 UFO	**178**
미스터리 클럽② : 한국의 UFO 목격담	**179**
미스터리 클럽③ : 외계인은 인간과 닮았을까?	**180**
미스터리 클럽④ : UFO 웨이브	**181**

프롤로그
인류문명 퇴보작전

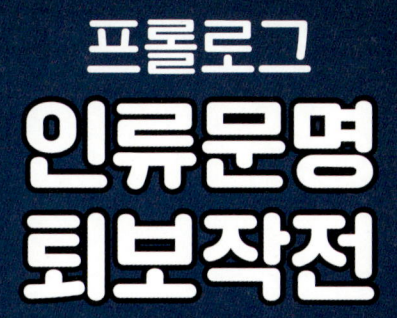

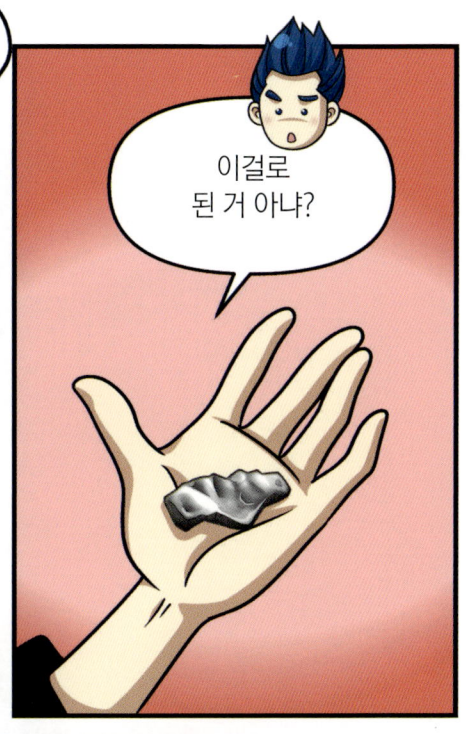

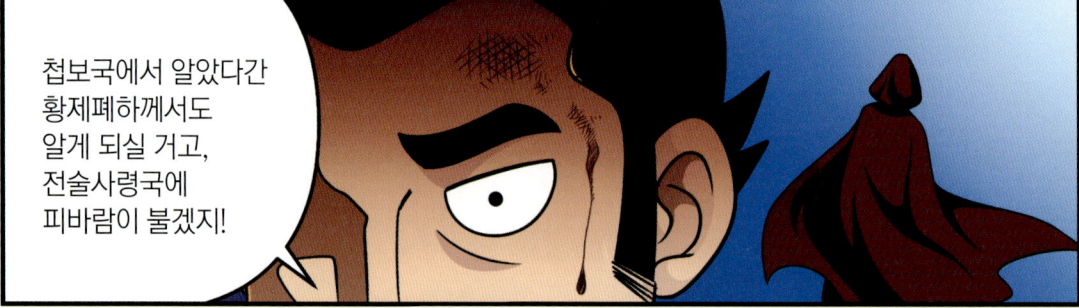

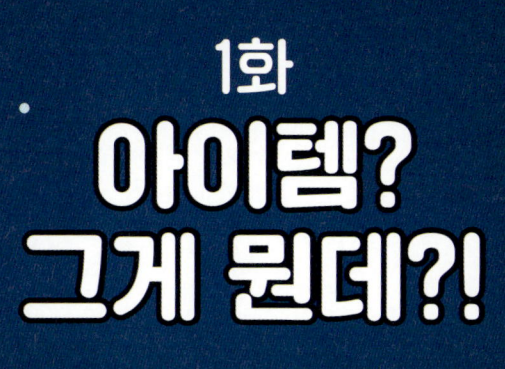

사망했다, 살아났다! 까꿍-!!

아저씨, 정신이 드세요?

…뭐가… 어떻게… 된…?

그럼 저 사람이!!
로스웰 사건의 최초 목격자인
윌리엄 브래즐?!

박물관에서 사라진
금속 조각도
저 사람이 발견한 거였어!

좋지 않은 상황이야.
과거로 와서
역사적인 인물과 접촉했으니
미래가 바뀔지도 몰라!

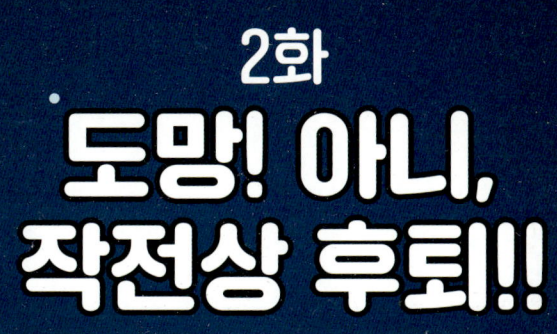

2화
도망! 아니, 작전상 후퇴!!

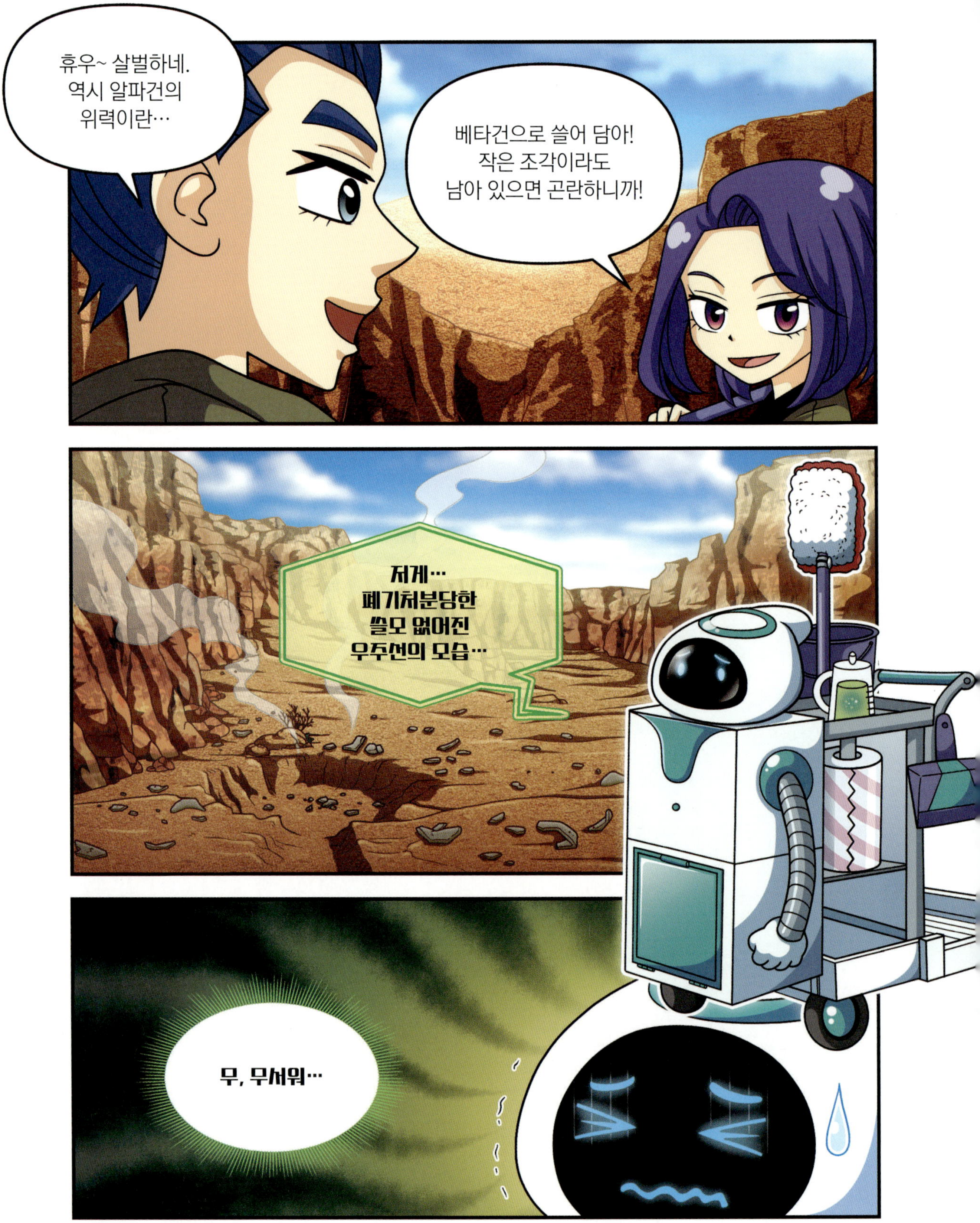

저 청소부들이 윌리엄 브래즐의 금속 조각을 빼앗은 사람들…?

사람이 아니라 청소부로 위장한 외계인이야! 추락한 UFO를 파괴해 회수한 거라고!!

흐흐… 외계인인데, 인간과 똑같이 생겼어? 파충류처럼 생기지도 않았고.

으응? 저 언니야랑 오빠야는 누구? 옆에 귀엽게 생긴 로봇도 있어!

콰과과과

으아아아악, 끝났어!!
우린 끝났다고——!!!

콰과과광

외계인들의 무기 위력이 저 정돈데,
우리가 가진 아이템이
무슨 소용이야——!!!!

아빠, 미안해!
맞서 싸워야 하는데…
몸이… 움직이질 않아!!

이건 처음부터
불가능한
미션이었어요—!!!

프록시마 제국의 황궁

스륵

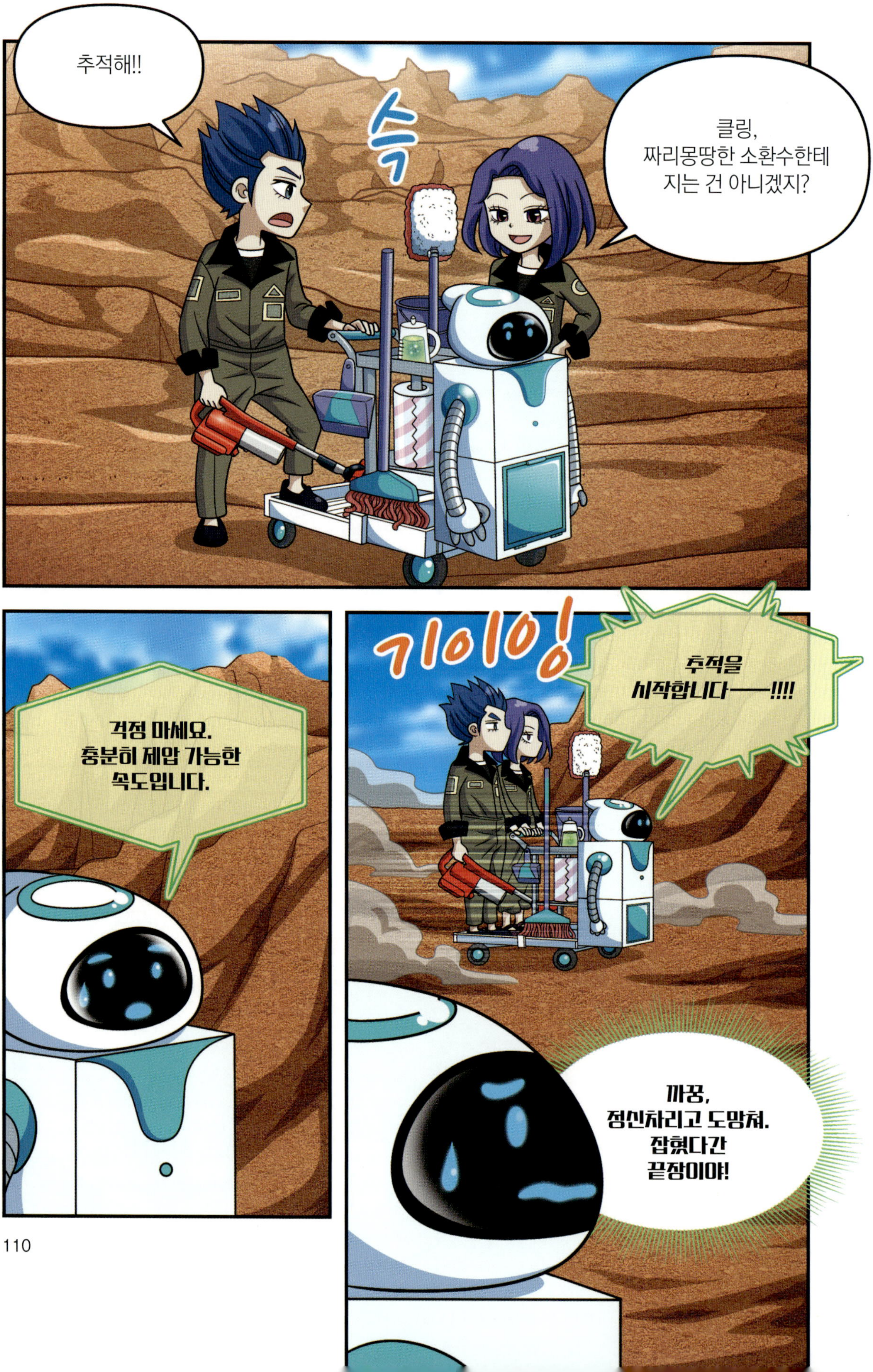

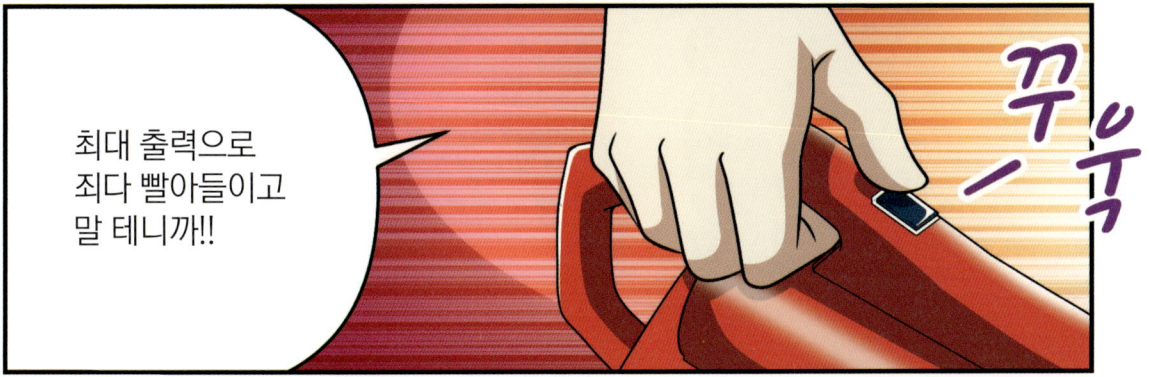

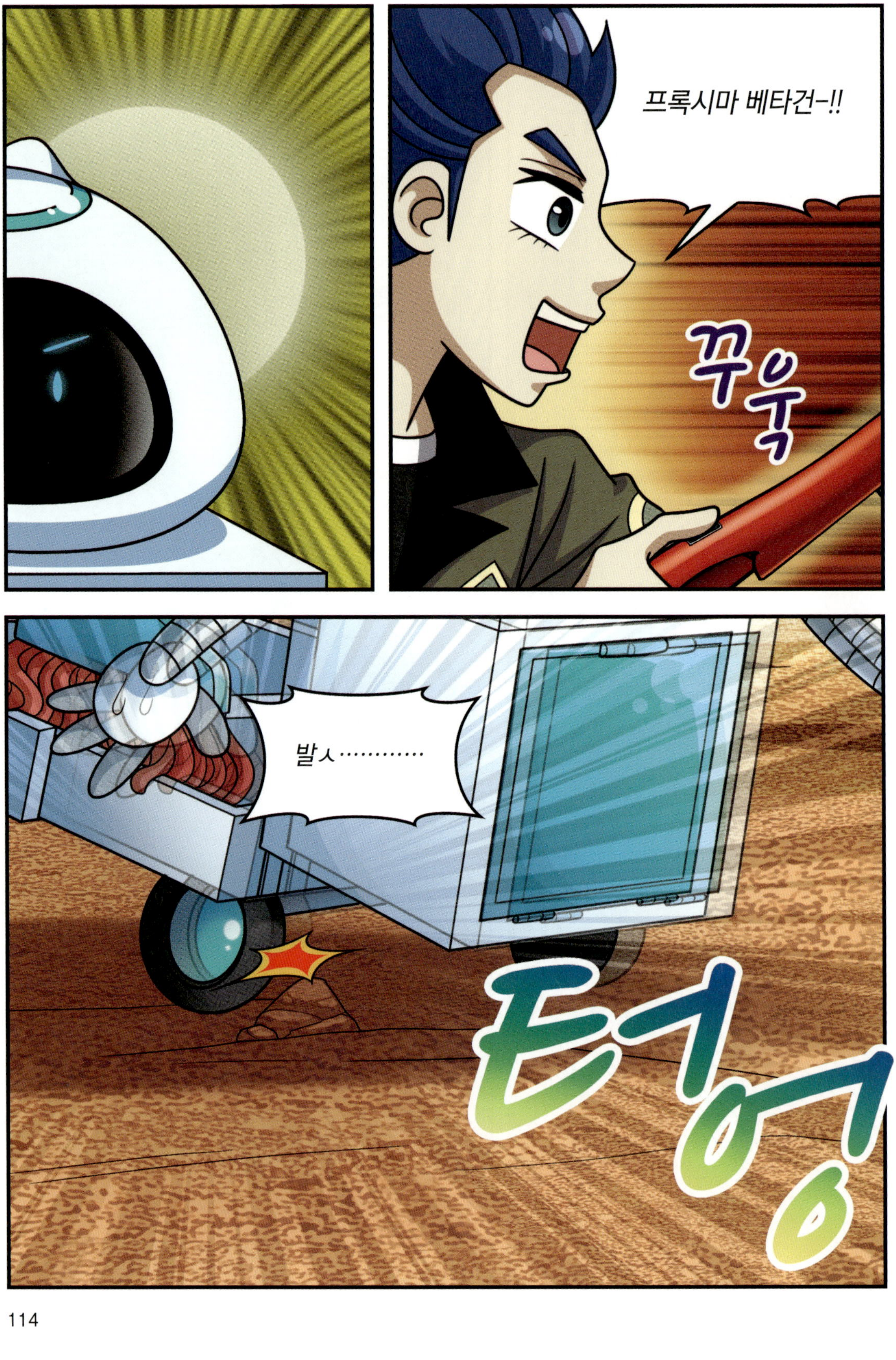

만약 인간이 화성에서 거주하려면, 먼저 사람이 살 수 있는 환경으로 변화시켜 지구화 해야 하는데

박사님 말씀은 지구가 외계인들의 입맛에 맞게 테라포밍 당하고 있다는 소리군요!

시원아, 지금부터 아빠가 하는 말을 귀담아들어야 한다! 알았지?

그… 그게…

자, 잠깐! 지금 그게 중요한 게 아니잖아!

우릴 박물관에 가둔 것도 아까 그 외계인들의 짓이 틀림없어!

꼬맹이 말대로 쫓아오고 있을지도 모르는데, 이러고 있을 때가 아니라고!

에필로그
기묘한 사막마을

다그닥 다그닥 다그닥

〈다음 권에서 또 만나요!〉

부록
<지켜라! 지구인>
미스터리 클럽

Q1. 박사님! 핵 시설 기지 주변에 UFO가 자주 출몰한다는 설이 있는데, 그게 사실인가요?

A1. 핵 시설 기지와 UFO

맞습니다. 사실 UFO 추락 사건으로 유명한 **로스웰이 핵무기**와 밀접한 관련이 있습니다. 그곳 공군기지에 미국 최초의 핵 부대인 509사단이 머물렀어요. 그리고 1947년에 처음으로 UFO 사건이 보고되기 시작했을 때, 주로 UFO가 목격된 곳이 뉴멕시코의 주요 핵 실험 장소 근처였거든요. 심지어 미 공군이 영국 레이큰히스라는 곳의 공군기지에 주둔하고 있었을 때는 여러 차례 UFO 사건이 일어났는데 그곳 역시 핵 기지였답니다! 최근 UFO는 미 해군에서 주로 목격되었는데 핵 항모(핵 항공 모함)가 훈련을 하고 있는 곳에서 주로 나타났어요. 2004년에 캘리포니아주 인근 태평양 해상에서 훈련 중이던 핵 항모 니미츠(USS Nimitz) 근처 상공에서 UFO의 출현이 있었고, 2015년엔 플로리다주 인근 대서양 해상에 있었던 핵 항모 테어도어 루스벨트(USS Theodore Roosevelt) 주변 상공에서도 자주 목격되었죠.

▲ 핵무기

Q2. 한국전쟁 당시에도 UFO가 목격되었다는 이야기를 들은 적이 있어요! 심지어 UFO가 한국을 감시했다는 설까지 있던데 이에 대한 이야기가 궁금합니다.

A2. 한국의 UFO 목격담

　한국전쟁 중 한반도 상공에서 많은 미 공군 조종사들이 UFO를 목격했어요. 1950년 가을부터 1954년 겨울까지 100여 명이 넘는 미군 조종사, 육군, 지상 레이더 요원, 해군들이 50여 차례에 걸쳐 UFO를 목격했던 거죠. 미국의 UFO 연구가 리처드 헤인즈(Richard F. Haines)는 이 기간 중 보고된 42건의 사례를 수집했습니다. 그중 14%가 미 항공기에 전자기적인 영향을 끼쳤고, 17%가 전쟁 중 동원된 어느 항공기 못지않게 탁월한 비행 성능을 나타냈다고 해요. 또한 보고된 UFO 형태 중 아홉 개가 원반형이었고, 구형, 둥근형, 원형이 각각 일곱 개, 원추형이 두 개, 그밖에 시가, 일본 초롱, 중국 모자, 실린더, 동전, 차바퀴, 구름 형태가 각각 한 개씩이었답니다.

　미 공군 UFO 전담기구의 보고서에는 1950년 9월 미 해군 소속의 비행기 조종사가 한국 상공에서 최초로 UFO를 목격한 것으로 되어 있어요. 9월 어느 날 오전 7시경, 북위 40, 동경 127, 1만 피트 상공을 비행하고 있던 조종사는 지면에 드리워져 매우 빠른 속도로 움직이는 그림자를 목격했어요. 깜짝 놀란 그가 비행기 위쪽을 쳐다보니 지름이 600피트 가량 되는 거대한 모자 형태의 UFO가 날아가고 있었죠. 이때 갑자기 비행기 레이더 장치와 통신장비가 마비되었답니다.

　한국 상공에서의 UFO 출현은 특히 1952년에 집중되었어요. 당시 미 공군 소속 비행기 조종사들에 의한 공식 목격 보고서에도 수십 개의 사례가 실려 있습니다. 그중 대표적인 사례는 5월 26일에 북한 상공에서 미군 F54 요격기가 밝게 빛나는 발광체에게 추적당했던 사건, 8월 9일에 38선 부근에서 해병대 비행단 소속의 조종사가 10초 간 화염을 내뿜는 불덩어리를 목격했던 사건, 8월 23일에 북한 상공에서 공군 소속의 승무원 여섯 명이 약 3분 동안 UFO를 목격했던 사건 등입니다.

Q3. 어떤 사람들은 외계인이 인간과 매우 비슷할 거라고 하고, 어떤 사람들은 완전히 다를 거라고 하는데요. 박사님은 어떻게 생각하세요?

A3. 외계인은 인간과 닮았을까?

외계인이 인간과 닮을 확률은 지구상의 생명체 기원에 대한 모델에 따라 크게 다릅니다. 1971년에 DNA의 공동 발견자 프랜시스 크릭(Francis Crick)이 주창한 '**지향적 범종설(Directed Panspermia)**'에 따르면 지구 생명체가 다른 외계 문명인들에 의해 입식되었을 가능성이 있다고 합니다. 이 경우 외계인들이 인간과 닮았을 확률은 매우 높습니다. 〈2001년 스페이스 오디세이〉, 〈프로메테우스〉, 그리고 〈문폴〉과 같은 영화들이 이런 모델을 배경으로 하고 있는 SF영화들입니다.

주류 학계에서는 우리 생명체가 고립된 지구에서 독립적으로, 화학적 수프에서 무작위인 과정을 통해 싹이 텄고 진화해 왔다는 모델을 선호합니다. 만일 이 모델을 택한다면 외계인이 인간과 닮았을 확률은 매우 낮아집니다. 물론 영국의 생물학자 루퍼트 쉘드레이크 같은 이들은 '**우주공명**'이라는 개념을 주장하면서 우주 어딘가에서 일어나는 과정은 동시 다발적으로 우주 전역에 정보가 공유된다는 식의 주장을 하기도 합니다. 이런 주장을 받아들인다면 외계인과 우리가 닮을 확률은 더 커지겠지요. 하지만 이런 이론은 주류 학계에서 인정받지 못하는 형편입니다.

Q4. 박사님! 최근에 UFO 웨이브란 말을 들었는데요. 그게 무슨 뜻인지 설명해 주세요.

A4. UFO 웨이브

 UFO 웨이브란 UFO 목격이 어떤 시기와 장소에 집중되어 나타나는 것을 말합니다. 그 주된 이유를 매스컴에 의한 보도가 많은 이들의 관심을 불러일으키기 때문이라고 보는 관점이 있는데요. 실제로 특정 시기와 장소에 집중적으로 UFO가 출현할 가능성이 큽니다. UFO 출현이 미국을 중심으로 전 세계에 확산되었으므로 미국의 UFO 웨이브는 매우 중요합니다. 1947년 최초로 UFO 소동이 일어난 곳이 바로 미국이었습니다. 6월에서 7월에 걸쳐 민간 항공기 조종사를 비롯해 주 방위대 조종사, 육군 항공대 조종사들에 의해 수백 건의 UFO 목격 보고가 있었습니다. 그 후 UFO 목격 보고 횟수가 크게 감소했다가 1952년 접어들어 미 전역에서 UFO 목격 보고가 쇄도합니다. 그리고 7월 말 수도인 워싱턴 D.C. 상공에 수 차례 UFO가 출현하여 요격기가 출동하는 사태가 발생하면서 정점을 찍습니다. 그다음 웨이브는 1957년이었습니다. 이전까지 주로 비교적 먼 거리에서 UFO가 목격되었지만 이때부터 UFO가 가까이 접근하여 자동차 시동을 꺼뜨렸다는 사례들이 나타납니다. 그리고 또다시 UFO 웨이브가 밀려온 때는 1966년입니다. 주로 미시건주에서 목격 보고가 쇄도했는데 당시 그 지역의 공화당 하원 원내총무였던 전 미국 대통령 제럴드 포드에 의해 미국에서 최초로 UFO 청문회가 개최됩니다. 그리고 이로 인해 1969년에 그동안 미 공군에서 운영되던 UFO 전담팀이 해체됩니다. 미국 정부는 이렇게 함으로써 더이상 미국에서 UFO 소동이 일어나지 않을 것이라고 판단했습니다. 하지만, 1973년 또다시 미국 땅에 UFO 웨이브가 밀려왔습니다. 이 시기부터 UFO가 지면에 가까이 접근할 뿐 아니라 거기에 타고 있는 휴머노이드형 외계인들을 목격했다는 사례들이 나타납니다. 이후 UFO 웨이브는 미국뿐 아니라 전 세계적인 현상으로 확산됩니다. 1980년 10월에 우리나라에서 UFO가 목격되어 주요 언론에 대서특필되는 사태가 있었습니다. 그리고 1990년 초부터 유럽에 삼각형 모양의 UFO가 출현하기 시작하였고, 같은 해 3월에 벨기에 수도 브뤼셀에서 요격기가 출동하는 사건이 발생했습니다.

❷ 어쩌다 미스터리 히어로즈!

지켜라! 지구인 ⓒ O.M.J Co., Ltd.

초판인쇄일 : 2024년 3월 20일
초판발행일 : 2024년 3월 27일

| 기　　　획 | : 오마주 주식회사 | 비즈니스디렉터 RK · 크리에이티브디렉터 Z1 아트디렉터 RK · 프로듀서 Z1
| 글 | : 맹성렬, 전재운
| 만　　　화 | : 유희석
| 편집·디자인 | : ㈜재담미디어 웹툰앤북본부 편집부

펴　낸　이 : 황남용
펴　낸　곳 : ㈜재담미디어
출 판 등 록 : 제2014-000179호
주　　　소 : 04035 서울특별시 마포구 월드컵로 8길, 48
전 자 우 편 : books@jaedam.com
홈 페 이 지 : www.jaedam.com

인쇄·제본 : ㈜코리아피앤피
유통·마케팅 : ㈜런닝북
전　　　화 : 031-943-1655~6 (구매 문의)
팩　　　스 : 031-943-1674 (구매 문의)

ISBN : 979-11-275-5283-1 77400
　　　　 979-11-275-0330-7 (세트)

어린이제품안전특별법에 의한 제품 표시
제품명 도서 | **사용연령** 만 7세 이상 | **제조국** 대한민국 | **제조자명** ㈜재담미디어 | **제조년월** 2024년 3월

·이 책은 저작권법에 의해 보호받는 저작물이므로 무단전재와 불법복제를 금하며
 이 책의 일부 또는 전부를 이용하려면 저작권자와 ㈜재담미디어의 서면동의를 받아야 합니다.
·인쇄·제작 및 유통 상의 파본도서는 구입하신 서점에서 교환해드립니다.

『지켜라! 지구인』의 저작권은 오마주 주식회사에 있습니다.
『지켜라! 지구인』의 캐릭터/스토리 등 IP 라이선싱, 사업 제휴 등 IP 사업 관련 문의는
오마주㈜ 이메일(omj@omaju.net)로 주시기 바랍니다.

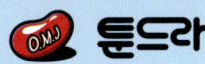

사차원 김재원 쌤의
지켜라! 한국사

**소중한 우리 문화유산을 지키기 위한
역사 판타지 어드벤처!**

역사학자 김재원
고려대학교 대학원 한국사학과 박사 수료
가톨릭대학교 국사학과 겸임교수
지식콘텐츠 스타트업 비욘드날리지 대표
유튜브 〈공부왕쩐천재 홍진경〉 역사 선생님
KBS joy 〈내일은 천재〉 역사 선생님
MBC 〈선을 넘는 녀석들-더 컬렉션〉 역사학자

**MBC 선을 넘는 녀석들
화제의 역사학자**

史차원 김재원 쌤이 이끄는 한국사 어벤저스와 함께 역사 모험을 떠나볼까요?

한국판 '마법의 시간여행', 재밌습니다. 한국사 어벤저스와 함께 역사 모험을 하다 보면 어느새 어린이들이 알아야 할 역사 지식을 저절로 익히게 됩니다. 다 보고 나면 책 읽기의 재미를 알려 주는 독서 친구가 생기게 될 겁니다.
정병욱 | 고려대학교 민족문화연구원 교수

〈지켜라! 한국사〉는 한국사를 소재로 한 신나는 모험담입니다. 충실하고 검증된 정보를 담고 있는 교양 만화이면서, 어린이의 가슴을 뛰게 하는 모험극으로서의 역할도 놓치지 않았습니다. 부담 없이 즐겁게 읽다 보면 역사 속 인물과 사건, 문화 유적과 유물에 대해 깊이 있는 지식을 가지게 될 것입니다.
기경량 | 가톨릭대학교 국사학과 교수

세계유산을 지키러 떠난 김가람PD와 친구들!

모험을 함께하며 세계의 역사와 문화를 만나 보세요!

KBS 〈걸어서 세계속으로〉 김가람PD와 함께
발로 뛰듯 생생하게 느끼는 리얼 세계사!

1. 가자! 유럽 속으로
   발트해의 심장, 라트비아
2. 가자! 아르헨티나로
   세상의 끝, 파타고니아

PD 김가람
서울대학교 언론정보학과 졸업 후 KBS에 PD로 입사,
카메라 7대를 짊어지고 세계를 누비며 기획부터
대본, 촬영, 연출까지 모든 것을 하는 PD로 알려졌으며,
KBS 〈정해인의 걸어보고서〉에 여행 멘토로 출연했습니다.
지금은 〈환경스페셜〉을 만들고 있습니다.

tvN
〈유 퀴즈 온 더 블럭〉
'감독의 세계' 편 출연

KBS
〈걸어서 세계속으로〉
〈환경스페셜〉 연출

유튜브 <안될과학>의 인기 크리에이터
궤도의 과학 학습만화 시리즈!

궤도와 궤도 주니어! 위기에 빠진 과학자를 구하고, 인류의 과학을 지켜라!

3권 줄거리

위기의 아인슈타인을 구하고 과학관으로 기껏 돌아왔건만, 루드볼 족이 갈릴레오 갈릴레이가 살던 시대의 이탈리아에서 새로운 계략을 꾸민다고?! 그들을 쫓아 시간 여행을 하던 도중, 다른 시대와 장소로 떨어져 버린 이재와 다니! 하지만 지체할 시간이 없다.
갈릴레오 갈릴레이를 먼저 찾아야 한다고!

 재담